Terreur:
Politiek wapen, Sociale infectie, Ontmenselijker

Janvier Tchouteu

TISI BOOKS

NEW YORK, RALEIGH, LONDEN, AMSTERDAM

GEPUBLICEERD DOOR TISI BOOKS

Non-fictie titels door Janvier T. Chando

De Usurpator: en Andere Verhalen
Driedubbele Agent, Dubbel Kruis
Discipelen van Fortuin
De Unie Muzhik
Het Meisje op de Spoor
Flits van de Zon
Fortuin Roept
Meester van Fortuin
Kinderen van Fortuin
De Norilsk Beren
Mij Vóór Hen
De Grootmoeders en Perfecte Liefde
De Vuur en Ijs Legende
De liefste Waanzin
Het Honger Vuur
De Tinten van Vuur
Vader en Zonen
De Dokter
Donkere Tinten
De Noodlottige Relaties
Het Vonnis van Hades
De rechtszaak van Zijne Majesteit
Ngoko's Dwaasheid
De Usurpator
De Bruidsschat
Ik ben Gehaat
Het Pummel

Aankomende Titels door Janvier Chando

De Witte Valk
De Norilsk Beren
De Thuis Zwervers
De Sterfelijke Vrienden

MOTTO

"De tijd van revolutionairen met de volledige vrijheid om te manoeuvreren is voorbij."
-CHRISTOPHER NKWAYEP-CHANDO

Erkenning

Opgedragen aan de liefdevolle herinnering aan Christopher Nkwayep-Chando.

TOEWIJDING

Mijn diepste, warmste en eeuwige dank aan Dr. Samuël F. Tchwenko en Christopher N. Chando voor het uitdagen van mij naar het pad van de verbetering van de mensheid.

Terreur:
Politiek wapen,
Sociale infectie,
Ontmenselijker

Inhoud

Citaten

"Soms hebben mensen een kernovertuiging die heel sterk is. Wanneer ze bewijs krijgen dat tegen die overtuiging werkt, kan het nieuwe bewijs niet worden geaccepteerd. Het zou een gevoel creëren dat extreem ongemakkelijk is, cognitieve dissonantie genoemd. En omdat het zo belangrijk is om de kernovertuiging te beschermen, zullen ze alles rationaliseren, negeren en zelfs ontkennen dat niet past in de kernovertuiging. "
— Frantz Fanon

"Terroristen zijn niet alleen degenen die geloven dat ze door God zijn uitverkoren om massamoord in zijn naam te plegen, maar kunnen regeringen en andere systemen van geloof of aanbidding zijn die ook geloven dat het hun exclusieve recht is om anderen hun leven, vrijheid, welvaart, vrede en harmonie te ontnemen. Wanneer de meerderheid in hun gemeenschappen, staten of naties instemt met deze verwrongen notie van exclusiviteit, raken ook de mensen besmet door de bug van terrorisme en worden ze ontmenselijkt in het proces zonder het te weten. "
— Janvier Tchouteu

"Iedereen maakt zich zorgen over het stoppen van terrorisme. Nou, er is echt een makkelijke manier: Stop met meedoen."
— Noam Chomsky

"Laten we niet proberen onze dorst naar vrijheid te stillen door te drinken uit de beker van bitterheid en haat."
— Martin Luther King Jr.

"Hoe kun je een oorlog tegen het terrorisme voeren als oorlog zelf terrorisme is?"
— **Howard Zinn**

"Leiders die niet dialogisch handelen, maar erop staan hun beslissingen op te leggen, organiseren de mensen niet - ze manipuleren ze. Ze bevrijden niet, noch worden ze bevrijd: ze onderdrukken."
— **Paulo Freire**

"Terrorisme werkt beter als tactiek voor dictaturen, of voor potentiële dictators, dan voor revolutionairen."
- **Christopher Hitchens**

"Elk rijk vertelt zichzelf en de wereld echter dat het anders is dan alle andere rijken, dat het niet zijn missie is om te plunderen en te controleren, maar om te onderwijzen en te bevrijden."
- **Edward W. Said**

"Met wapens kun je terroristen doden, met onderwijs kun je terrorisme doden."
— **Malala Yousafzai**

"Meestal, als je mensen goed behandelt, hoef je niet bang voor ze te zijn."
- **Kathy Kelly**

"Ik heb nog nooit iemand ontmoet die terrorist wilde zijn. Het zijn wanhopige mensen."
— **John Perkins**

"Het verschil tussen een terrorist en een vrijheidsstrijder is een kwestie van perspectief: het hangt allemaal af van de waarnemer en het oordeel van de geschiedenis."
— **Pentti Linkola**

"Het kenmerk van een autoritaire is het schreeuwen van
TERRORIST-LOVER! bij iedereen die de definitie van
Terrorist in twijfel trekt."
- Glenn Greenwald

"Stalins Rusland was een valstrik, waarin zelfs degenen die
het systeem bestuurden gevangen zaten. De leiders zaten
gevangen door angst voor Stalin en zelfs hij werd gevangen
door zijn angst voor hun verlangen om van hem af te komen.
Alles wat hij moest eten of drinken moest eerst door een van
zijn collega's worden geproefd. Beria's gedrag bij zijn dood
toonde aan dat zijn angst slechts gedeeltelijk paranoia was."
- Jonathan Glover

"Het grootste gevaar van de bom van een terrorist zit in de
explosie van domheid die het veroorzaakt."
— Octaaf Mirbeau

INTRODUCTIE

Eén verhaal in de bijbel in het bijzonder intrigeerde me als tienjarige die zijn hoofd om zijn christelijke leer probeerde te wikkelen. Dat was het verhaal van Simson de Hebreeër of Israëliet in het Boek Rechters, wiens door God geschonken kracht hem in staat stelde bovenmenselijke prestaties te leveren, waaronder het doden van een leeuw met zijn blote handen en het gebruik van het kaakbeen van een ezel bij het afslachten van duizend Filistijnen. Hij vertelt Delilah, op wie hij verliefd is, echter dat het geheim van zijn kracht zijn haar is dat vanaf de geboorte niet is geknipt, alleen voor haar om deze nuttige informatie voor geld aan de Filistijnen door te geven. In slaap gelokt, sneden ze zijn haar, vulden zijn ogen en zetten hem vervolgens aan het werk in een molensteen. De Filistijnen zagen het niet aankomen toen ze besloten de gevangenneming van Simson te vieren in hun vereerde Tempel van Dagon, en brachten hem vervolgens eennd die hem bij de belangrijkste pillars van de overvolle temple plaatste. Simson wiens haar gedeeltelijk was hergroeid, trok de pi llars naar benedenen doodde de Filistijnen binnenin. Hij stierf in zijn wraakdaad die in elke zin van het woord suïcidaal was.

Sommige experts zijn van mening dat heteen daad van terrorisme was omdat onschuldige vrouwen en kinderen stierven door zijn actie als doelwitten die hij in gedachten had tijdens het uitvoeren van zijn wraak. Anderen zijn van mening dat de burgers, waaronder vrouwen en kinderen die in de tempel stierven, collateral damage waren, omdat Simsons echte doelwit de Filistijnse leiders waren die zichin de tempel hadden verzameld voor het religieuze offer aan Dagon, een vruchtbaarheidsgod die sterk werd vereerd in het oude Mesopotamische Assyro-Babylonische (Irak) en het Levantijnse (huidige Syrië, Libanon, Jordanië, Israël en de Palestijnse gebieden) land, voor haar hulp bij de gevangenneming van Simson.

Simson was een soldaat in orde, een man die zich inzette voor de veiligheid en het welzijn van de Israëlieten. Hoe heldhaftig zijn dood ook was, het was een daad van zelfmoord. Uit het verhaal van zijn conflict met de Filistijnen komen alle innerlijke tegenstrijdigheden van oorlog voort, vooral gewapende conflicten waarbij burgerslachtoffers onvermijdelijk zijn, of worden beschouwd als nevenschade of terreurdaden. Met Collateral damage bedoelen we doden, gewonden of andere vormen van schade die degenen die betrokken zijn bij een gewapend conflict toebrengen aan een onbedoeld doelwit of eigendom, met name burgers die niet betrokken zijn bij de oorlog of die geen legitieme militaire doelen zijn. Dit is des te ontmoedigender omdat oorlogen verondersteld worden te worden gevoerd om de mens te bevrijden van de tirannie van een onderdrukker. Maar wat is dan de dunne lijn?

Worden aanslagen waarbij burgerdoden onvermijdelijk zijn, beschouwd als terreurdaden?

Dit is waar de grens wazig wordt voor strijdende partijen in een gewapend conflict --- degenen die proberen de status-quo te handhaven als de autoriteit die wettelijk verantwoordelijk is voor de veiligheid van de mensen, en degenen die het bestaande establishment (regering, land of organisatie) met wapens confronteren of uitdagen. Burgers worden altijd gevangen in hun kruisvuur, ook al mogen ze niet het doelwit zijn. Maar wat gebeurt er als burgers het doelwit zijn, hetzij in beperkte mate, hetzij in brede zin?

Deze vraag van meerdere miljoenen dollars die de mensheid al sinds mensenheugenis achtervolgt – of het nu gaat om de mythologieën van de goden, tot onze oude beschavingen, tot het tijdperk van de moordenaars, tot de tijd van Rome, en helemaal tot de verspreiding van de islam, tot de inquisitie en tot bevrijdingsbewegingen die moderne staten hebben gecreëerd. Het is echter pas in de laatste honderd jaar dat groepen oorlogen begonnen te voeren waarbij de belangrijkste doelen burgers zijn. Wat deze openlijk terroristische organisaties enigszins intrigerend maakt, is het feit dat ze achter hun strategie om terreur als wapen te gebruiken, legitieme claims hebben van vervolging door de autoriteiten die ze uitdagen, beweringen dat bijna niemand het er niet mee eens is, moet worden hersteld.

Het is de manoeuvreerruimte of het scala aan acties binnen de beschikking van degenen die de status quo uitdagen die bepalen hetzij ze de grens naar terrorisme hebben overschreden of niet. En het is de reactie of acties van de regering, staat, organisatie of groep die probeert de status quo te handhaven die ook bepaalt of ze betrokken zijn bij staatsterrorisme of niet. Hoe de wereld terreurdaden accepteert of tolereert, verschilt in de ogen, harten en geesten van de verschillende volkeren, klassen en religies van deze wereld. Die verschillen maken het nemen van een eensgezind standpunt tegen terrorisme des te moeilijker.

Dit werk is geen allesomvattend uitstapje naar de aard van terrorisme of zijn geschiedenis. Het is eerder een beknopt verslag van de ingewikkeldheid van terrorisme, het corrumperende karakter ervan, vooral voor groepen met legitieme oorzaken die besluiten het te omarmen. Ik noemde voorbeelden, maar de gevallen zijn niet diep illustratief. Het idee is om de geest van de lezer te prikkelen, om hem aan te sporen dieper na te denken, verder te analyseren en eigen conclusies te trekken die de zaak tegen terrorisme alleen maar verder zouden brengen en ons allemaal zouden helpen het beter te begrijpen.

Hoofdstuk Een

Terreur of terrorisme is het willekeurige gebruik van bedreigingen en geweld voor politieke doeleinden. Het is misschien wel de eenvoudigste strategie die een machteloze of zwakke groep of organisatie die tegen een georganiseerd establishment vecht, in de verleiding komt om te gebruiken. De aard van de organisatie van de meeste terreurgroepen, hun ondersteunende structuren en hun doelstellingen beperken hen vaak, waardoor ze gedwongen worden om te opereren:

- binnen een strakke binnenste cirkel,
- met veel fanatisme,
- met beperkte en dun gespreide mankracht,
- met lichte en beperkte materialen of wapens,
- En met een duidelijk omschreven doel om hun tegenstanders neer te halen.

Daders van terreur met een duidelijk omschreven politiek doel zijn meestal mannen die zeer toegewijd zijn aan een zaak, maar weinig of geen respect hebben voor de aard van de realisatie ervan. Dit zijn mensen die het idee van de uitdrukking "Tragische Noodzaak" tot het uiterste oprekken en hun oorzaken tegen de mensheid opzetten.

Terreur is een krachtig politiek wapen met een verstrekkend maatschappelijk effect. En het terugslageffect van eenterreurdaad is onvoorspelbaar.

Als politiek wapen lijkt terreur misschien wel de krachtigste optie te zijn door gefrustreerde maar toegewijde voorstanders van een zaak die buitenspel is gezet, afgekeurd en gedenigreerd; of door een zaak waarvan de activiteiten en leden zijn onderdrukt, onderdrukt en gedecimeerd door zijn tegenstanders, het establishment of de regering. Deze voorstanders van terreur zien zichzelf en hun ideeën vaak als potentiële slachtoffers van vernietiging op een moment dat ze denken dat ze de middelen missen om zich openlijk te verzetten. In hoeverre de organisatie de methoden van terreur omarmt, bepaalt de mate van ontmenselijking.

Terreur volledig omarmd is sinister, bedreigender en duurzamer als het een basis heeft om te rekruteren, te trainen, te hergroeperen en aan te vullen. De onacceptabelheid van terreur hangt het meest af van de sociale effecten ervan. En het kan inderdaad heel verstrekkend zijn.

Het gebruik van geweld en bedreigingen door een beweging tegen een vrije, democratische, liberale, progressieve en humane samenleving om haar te intimideren of te dwingen, werkt altijd averechts, waarbij de beweging haar menselijkheid en doel in het proces verliest. De samenleving in al haar lagen verwerpt de door terreur bezoedelde beweging, zelfs als haar zaak belooft het welzijn van de mensen te bevorderen. Dat was vandaag het geval met de Duitse groep Baadar-Meinhof, de Italiaanse Rode Brigade, het Japanse Rode Leger en FARC-EP van Colombia. Zelfs het Lichtend Pad van Peru verloor zijn doel en plooide vanwege de democratisering en liberalisering van het land. En aanvallen van de Baskische groepen ETA (Euzkadi ta Askatasuna) gaan alleen maar om de oprechte grieven van het Baskische volk te denigreren. De lijst is onuitputtelijk.

Terreurdaden van een groep of land tegen een buitenlandse staat, vooral een vrije en democratische, hebben altijd het tegenovergestelde effect van het verenigen en mobiliseren van de staat die wordt geterroriseerd. Het zorgt ervoor dat de gelaedeerde staat zijn humane waarden nog meer waardeert, terwijl het de mazen in de wet kan dichten die hem vatbaar maken voor terroristische daden. Het Ierse Republikeinse Leger (IRA) is daardoor juist verzwakt geraakt in zijn strijd tegen de Britten. Palestijnse bewegingen bezoedelden hun echte zaak met terroristische daden tegen Israël. Zelfs de Separatistische Tsjetsjeense Beweging verpest haar zaak met aanvallen op Russische burgers. De bomaanslag in Lockerbie, de bomaanslag in Argentinië in 1994 door vermoedelijke Iraanse agenten, versterkt de getroffen landen alleen maar. Bovenal, het land of de groep die het gebruik van terreur accepteert, zelfs tegen de burgerbevolking van het land waar ze tegen zijn, eindigt uiteindelijk met het ontmenselijken van zijn eigen samenleving. Dat komt omdat een beleid van haat dat het doden van niet-strijders, vrouwen en kinderen rechtvaardigt, altijd xenofoob en vol leugens blijkt te zijn; en het voedt zich met hypocrisie, hersenspoeling, ideologisch extremisme of religieus fanatisme, allemaal tekortkomingen die uiteindelijk zullen leiden tot de ondergang van de verspreiders van terrorisme en de ineenstorting van progressieve menselijke waarden in hun eigen samenlevingen.

Met een basis heeft terreur die plotseling wordt ontketend tegen een impopulair, onderdrukkend, repressief, discriminerend, afstandelijk en elitair regime of regering een aanvankelijk verlammend effect op de samenleving in die zin dat het angst, twijfel en een gevoel van kwetsbaarheid in de geest van de onderdrukkende klasse inboezemt, terwijl het tegelijkertijd de gewone mensen aanzet om te geloven dat het systeem waar ook zij tegen zijn, ten val kan worden gebracht. De ontketende terreur vernietigt het vertrouwen dat de hoeders van het repressieve systeem eerder hadden, vooral in hun overtuiging dat ze weg konden komen met al hun acties tegen degenen die zich tegen hen verzetten. De oligarchie wordt plotseling chaotisch in hun procedures, planning en uitvoering van hun strategieën. Het offensieve karakter van hun heerschappij wordt plotseling defensief zonder de nodige voorbereidingen. Het leger en de veiligheidstroepen, de regering en de andere instanties en organen die de repressie, onderdrukking, fraude, corruptie, discriminatie en geweld handhaven, worden tijdelijk geïmmobiliseerd in de beginfase van het terrorisme.

Nu de terroristen elk mogelijk doelwit raken en slachtoffers binnenrollen, beginnen de hoeders van het dictatoriale systeem de rechtvaardiging van hun beleid in twijfel te trekken, de prijs die ze bereid zijn te betalen om aan de macht te blijven en de kansen die ze hebben om aanvallen van de terroristen te ondersteunen. De voetsoldaten van het regime (veiligheidsdiensten en inlichtingendiensten) die de schilden van het systeem of regime zijn, maar niet de weldoeners ervan, maar die het grootste deel van hun oorsprong traceren bij de meerderheid van de mensen, beginnen zich af te vragen waarom ze de dupe moeten worden van de woede tegen het systeem terwijl ze er niet echt verantwoordelijk voor zijn.

- Waarom zou een patriottische korporaal, inspecteur, kapitein, luitenant, kolonel, commissaris of generaal; waarom zou iemand die echt van zijn land houdt, de verlossing ervan wenst en streeft naar een betere rol in de verdediging van zijn natie, zijn leven en de toekomst van zijn geliefden riskeren door zich te verzetten tegen het vuur gericht op een corrupt, ondemocratisch, discriminerend en anti-volkensysteem en regime, terwijl de leiding en zijn kliek (de oligarchie) blijven zwemmen in welvaart en veiligheid?
- Waarom zouden deze veiligheidstroepen hun

leven riskeren om mensen aan de macht te houden die hun waarde niet echt waarderen?

Het antwoord op bovenstaande vragen is simpel. De verdedigers van het systeem zouden de terroristen alleen tot het bittere einde bestrijden als ze ervan overtuigd zijn dat de nieuwe orde die de terreurorganisaties met zich mee zouden brengen veel groter zou zijndan de huidige realiteit.

Toch kan men de trauma's in een samenleving die wordt achtervolgd door terreur niet negeren. Naast de infusie van angst en twijfel in het establishment, en de vernietiging en immobilisatie van de instrumenten van bestuur, heeft terreur als een politiek wapen dat wordt gebruikt in een samenleving die niet vrij is, het krachtige effect van het polariseren ervan. Het ontketenen van terreur opent een conflict dat:

- Zet de repressieve oligarchie tegenover de terreurgroep en laat de patriottische meerderheid in de kou staan in hun eisen voor democratie, vrijheid en liberalisme.
- Vindt de have en have-nots verder uit elkaar getrokken.
- Vergroot de kloof tussen de onwetenden en de verlichten.
- Zet de volgzaamheid van de ouderen tegenover de levendigheid van de jongeren in hun zoektocht naar vrijheid, democratie, vooruitgang en transparantie.

- Ten slotte brengt de idealisten tegen de realisten, de pragmatici, de humanisten en de dogmatisten.

Het gebruik van terreur in een echte zaak van vrijheid of bevrijding tegen de onderdrukkende heerschappij van een niet-representatief establishment wordt vatbaar voor chantage, fouten en ontmenselijking. Zelfs het beperkte gebruik ervan zonder een duidelijk gedefinieerde richting stelt de meerderheid van de soldaten en militanten van de vrijheids- of bevrijdingsstrijd bloot aan de wreedste en meest ongebruikelijke straffen van het onderdrukkende systeem of het establishment. De hoeders van het systeem reageren op de terreurdaden met verachtelijke acties of eigen remedies die in feite staatsterrorisme zijn. Onmenselijk in zijn inhoud, het onderdrukkende establishment wint niettemin sympathie van de algemene bevolking en de wereld in het algemeen. Het regime schort de mensenrechten op; het regime gaat verder in zijn excuses en voert preventieve arrestaties, verachtelijke martelingen, subornatie, uitgebreide legale moorden uit (door middel van dubieuze wetten); en het regime voert wrede, wraakzuchtige, discriminerende en de meest ongebruikelijke straffen uit tegen degenen die zich ertegen verzetten, waardoor de terroristen worden gebundeld met de progressieve krachten van het land die vrijheid, vrijheid en/of bevrijding nastreven. Na de laatste elementen van zijn menselijkheid te hebben verloren en buiten proportie te reageren op de dreiging van de terroristen en de vrijheid die door de meerderheid van het volk wordt geëist, gaat het onderdrukkende regime of het niet-representatieve systeem aan de macht door met openlijk staatsterrorisme door verdeel en heers door zijn middelen te kanaliseren om opzettelijk geweld en interne strijd aan te wakkeren. In haar wanhoop slaat de oligarchie om beurten blindelings en berekenend toe. De onschuldige burgers worden meer dan de tegenstanders van het systeem geraakt door zowel het establishment als de terreurgroepen, waarbij de terreurgroepen overal de schuld van krijgen. Deze sociale chaos ontaardt in burgeroorlogen met clans die vechten tegen clans, stammen tegen stammen, religies tegen elkaar, rassen die uit elkaar drijven en de verschillende klassen worden onverzoenlijk. In deze situatie waarin terrorisme tegen de staat zijn doel verliest, overheerst het terrorisme door de staat en ondermijnt het de onderdrukte en vrijheidslievende meerderheid van alle kleine kracht die ze misschien nog hebben, waardoor ze gedwongen worden genoegen te nemen met elke orde die de oligarchie kan herstellen. In dit geval versterkt het falen van de terreurgroep de dictatuur aan de macht, waardoor het systeem langer kan duren, ook al financierde het zijn staatsterrorisme door gebruik te maken van de openbare schatkist en het zweet van de burgers.

Een openhartige evaluatie zou echter onthullen dat ondanks de mogelijke verheerlijking van terreur door groepen of mensen die zich in het nauw gedreven voelen, het feit dat het spook van fouten of ongelukkige ongelukken hoog opdoemt, zijn effectief wegneemt als een hulpmiddel om verandering te realiseren die het welzijn van de mensen zou verbeteren. Dit komt omdat deze eeuwige vragen met betrekking tot het gebruik van terreur moeten worden beantwoord door elke groep die het gebruikt of van plan is om het te gebruiken als een tactiek of in het slechtste geval een strategie:

- Waar en wie moeten de doelen zijn?
- Wat is het doel of de doelstelling?

Een humane exponent van verandering die zichzelf ervan overtuigt dat het gebruik van terreur tragisch is, maar noodzakelijk in een kwellende situatie, riskeert daarbij zijn ziel te corrumperen, vooral als zijn actie uit de hand loopt. Zelfs de lijn dat het gebruik van terreur alleen maar moet proberen de aandacht te vestigen op de echte zaak van het ongehoorde en verwaarloosde, is in principe onjuist omdat het gebruik van terreur vaak of altijd als een boemerang eindigt. Een echte en populaire zaak bezoedeld met terreur die slecht georganiseerd, slecht gericht en niet duidelijk gedefinieerd is; een die het establishment aanvalt en ook burgerslachtoffers maakt, staat open voor sabotage en chantage, vooral door de deur open te laten voor valse vlaggen.

Het gebruik van terreur als regel door echte

exponenten van verandering is onaanvaardbaar. Het onderwerpt de beweging aan verslaan, vooral als het een wapen van enige duur wordt. Hoewel het een beweging misschien vergeven kan worden dat ze het als een vonk gebruikt, de schreeuw die het systeem zou immobiliseren en de lawine zou veroorzaken, is het effect van terreur corrosief tegen alles en iedereen die het aanraakt. En elke duur in het gebruik ervan zou de essentie van het ware doel van de beweging verblinden, het uitschakelen van de mensheid belichaamd in strijd die het zoeken naar vrijheid, bevrijding, democratie, welvaart en menselijke harmonie met zich meebrengt; en als gevolg daarvan zou het de gelederen van de beweging openen voor chantage en denigrering. De meest morele van de mensen, de gezondste van de vrijheidsbewegingen, de meest toegewijde revolutionairen en zelfs humanisten en humanisten van alle pluimage verliezen uiteindelijk hun doel als ze de corrumperende invloed van terreur niet overwegen, zelfs in het gebruik ervan op korte termijn, en vooral wanneer ze het gebruik van terreur als de regel of het wapen van overleving, zelfs tegen een onmenselijk establishment, niet overwegen. Door terreur te gebruiken, verraden ze uiteindelijk de hoop en aspiraties van de strijdende massa's wiens belangenterreur eerst werd ingeroepen om te beschermen.

Kortstondige duidelijk gerichte, doelgerichte en georganiseerde terreur in de activiteiten van het ANC, SWAPO, ZANU-ZAPU en FRELIMO dwongen de vestigingen in respectievelijk Zuid-Afrika, Namibië, Zuid-Rhodesië (Zimbabwe) en Mozambique om een dialoog aan te gaan die de veranderingen bracht die deze bevrijdingsbewegingen in staat stelden om democratisch de macht in die landen te winnen. Het Islamitisch Heilsfront van Algerije verloor zijn essentie door zijn blinde adoptie van terreur. Het communisme dat door sommige experts wordt beschouwd als de meest humane ideologie in het pleiten voor de economisch en sociaal achtergestelde mensen van deze wereld, verloor zijn menselijkheid als politieke kracht vanwege zijn aanvankelijke omarming van terreur. Lenins kortetermijngebruik van rode terreur tijdens de Russische Burgeroorlog die volgde op de communistische revolutie werd buiten proportie opgeblazen toen Stalin er een heerschappij van het Sovjetsysteem van maakte en een erfenis die de communistische ideologie vandaag de dag achtervolgt. De voorbeelden van de gevolgen van het gebruik van terreur zijn onuitputtelijk. Dat is de reden waarom bewegingen die proberen menselijkheid te bevorderen, zelfkritisch moeten worden wanneer hun leiders beginnen te flirten met het gebruik van terreur.

Hoofdstuk Twee

In het geval van Kameroen betekent het feit dat de prijs voor het ontwrichten van het systeem hoog is, niet dat een effectief gebruik van terreur tegen het establishment de enige optie is die overblijft. Hoewel het aantrekkelijk kan lijken voor sommige tegenstanders van het Biya-regime en het anachronistische door Frankrijk opgelegde systeem als geheel, moeten exponenten van verandering in gedachten houden dat zelfs het meest effectieve gebruik van terreur tegen de beheerders van het systeem waarschijnlijk denigrerend zou zijn over de nobele doelstellingen van de eeuwenoude Kameruniaanse strijd en vertroebelen de realisatie van het "NIEUWE KAMEROEN".

Het is waar dat een effectief gebruik van terreur tegen degenen in de oligarchie met bloed in hun handen het systeem zal vernederen. Het zou inderdaad een openbaar debat openen en helpen om de kampen duidelijk te identificeren. En waar, het zou wijzen op de ernst van de strijdkrachten die pleiten voor Kameroen om er een land van te maken dat een plaats heeft in de gemeenschap van vrije, progressieve en beschaafde naties. Maar het zou de samenleving verscheuren en haar daarbij ontmenselijken, in een mate dat haar ziel zelfs meer gecorrumpeerd zou kunnen raken dan ze op dit moment is. Indachtig het feit dat sommige exponenten van verandering die tegen het gebruik van terreur zijn, erkennen dat het gebruik ervan het systeem zou dwingen de onderdrukte worstelende massa's serieus te nemen en het establishment zou doen begrijpen dat hun tegenstanders een eeuwige nachtmerrie kunnen creëren door terreur de heersen in hun strijd, mogen exponenten van verandering nooit het gebruik van terreur overwegen in hun zoektocht om het "Nieuwe Kameroen" te stichten dat vrij, democratisch, verenigd, liberaal, progressief, welvarend en pluralistisch is.

De herenigings- en onafhankelijkheidsoorlog van de UPC (Unie van de Bevolkingen van Kameroen) voor Kameroen, na het verbod en de onderdrukking ervan door de Franse trustschapsautoriteiten in 1955, is een klassiek geval waarin het beperkte gebruik van terreur door een volksvrijheids- of bevrijdingsbeweging door vergeldingsmaatregelen te nemen tegen de Franse troepen en de krachten van de marionet die de Fransen als president van Kameroen installeerden en de Kameroense bevolking afslachtten, evenals degenen die het als verraders beschouwde, werd effectief omgedraaid om de beweging een slechte naam te geven als een bloeddorstige terroristische groep. Door staatsterrorisme werd de UPC gedenigreerd, onderdrukt, verpletterd en het grootste deel van zijn leiderschap werd gedood, gevangengezet of verbannen door de Franco-Ahidjo-alliantie. Het was een campagne die hand in hand ging met chantage en framing van de beweging, en tegelijkertijd het stigmatiseren van de achterban van het UPC. Het was zo effectief dat de zwaar getroffen Bamileké- en Bassa-volkeren nog steeds het doelwit zijn van stereotypen die zijn uitgebroed door Jacques Foccart, de architect van de Franse overheersing in Afrika, die effectief werk verrichtte tegen de UPC door te propageren dat de oorlog van vrijheid of bevrijding van de UPC in de jaren zestig een etnische opstand van na 1960 was door de Bassa en Bamileke volkeren, waardoor de grootste en meest nationalistische etnische groep als een nationale vijand van de rest van de Kameroense volkeren, een stigma dat nog steeds in het land heerst. En mannen als Jean Forchive enz. danken hun opkomst en bekendheid in het systeem aan hun succesvolle gebruik van staatsterrorisme tegen de UPC.

Er is een sterke factie in het huidige Biya-regime die het eeuwige voortbestaan van het systeem voor ogen heeft door het zorgvuldige gebruik van staatsterrorisme tegen de patriottische meerderheid die hun stem mag gebruiken, maar niet hun handen en voeten, in een schijnproces dat maakt meerpartijenpolitiek in Kameroen mogelijk, maar dat verhindert dat de democratie wortel schiet door het volk het recht te ontzeggen om te kiezen door middel van schijnverkiezingen die een aanfluiting zijn van democratie en keuzevrijheid.

In een notendop, een organisatie die terreur gebruikt

tegen een gevestigde orde, of het nu hun thuisland of een vreemd land is, loopt het risico zichzelf voor altijd te besmetten, de essentie ervan te corrumperen en de samenleving in een proces van ontmenselijking te storten dat tientallen jaren en zelfs generaties kan duren te overwinnen.

Janvier Tchouteu 08 November 1997

Glossarium

Adamawa	De zuidelijkste provincie die werd uitgehouwen uit de voormalige Grand North Province. Het is een plateaugebied.
Akonolinga	Een stad in de regio Centrum. Het is ook de hoofdstad van de Nyong en Nfomou Divisie.
Akum ·	Een Ngemba nederzetting negen mijl van Bamenda langs de Bafoussam-Bamenda weg. Het is ook een traditioneel Ngemba koninkrijk en het dialect van de mensen daar.
Ambam	Een stad in de regio Zuid. Het is

een onderafdelingshoofdstad in Ntem Division.

Ashia — Woord gebruikt door zowel Engels- als Franstalige Kameroeners om sympathie, condoleance, troost, aanmoediging, mededogen, harmonie, begrip, overeenstemming, dankbaarheid en voorzichtigheid uit te drukken.

Bafang · — De hoofdstad van de Upper Nkam Division en een Bamileké koninkrijk in de West Region.

Bafaw · — De belangrijkste etnische groep in het gebied. Het omvat de gemeente Kumba. Het maakt deel uit van de grotere Bantoe-groep.

Bafedja — Een nederzetting en Bamileké koninkrijk in de Nde of Banganté Divisie, West Regio.

Bafoussam — De hoofdstad van de regio West en De Divisie Mifi. Ook een traditioneel Bamileké-koninkrijk.

Bafut ·	Een nederzetting en traditioneel Ngemba koninkrijk ongeveer achttien mijl van Bamenda in de noordwestelijke regio.
Bakweri ·	De belangrijkste etnische groep in de Fako-divisie, die zich in de zuidwestelijke regio bevindt. De Bakwerians zijn Bantoe sprekend over de Sawabantu subgroep.
Balengou ·	Bamileké nederzetting en koninkrijk in de Nde Divisie, West Regio.
Bali	Een Chamba nederzetting en koninkrijk ongeveer achttien mijl ten noorden van Bamenda, in de noordwestelijke regio.
Bamena	Bamileké nederzetting en koninkrijk in de Nde Divisie, West Regio.
Bambili	Een nederzetting en Ngemba koninkrijk ongeveer negen mijl ten noorden van Bamenda in de noordwestelijke regio.

Bambui	Een Ngemba nederzetting en koninkrijk ongeveer zes mijl ten noorden van Bamenda in de noordwestelijke regio.
Bamenda	De hoofdstad van de noordwestelijke regio en Mezam Division.
Bamendjou	Bamileké nederzetting en koninkrijk in de Mifi Divisie, West Regio.
Bami (Bamileké)	Verkleinwoord van Bamileké.
Bamileké (Bami)	De meest bevolkte semi-Bantoe etniciteit en de belangrijkste etnische groep in Kameroen. Het is ook de moedertaal van het volk.
Bamilekéland	De westelijke helft van de regio West, met randen in de noordwestelijke en zuidwestelijke regios. Het bestaat uit vijf bestuurlijke afdelingen, ongeveer negentig traditionele koninkrijken en elf dialectische groeperingen.

Bamoun ·	Een semi-Bantoe etniciteit en een van de belangrijkste etnische groepen in Kameroen. Ook hun moedertaal.
Bamounland	De oostelijke helft van de westelijke provincie.
Bandekop	Een Bamileké nederzetting en koninkrijk in Mifi Division, West Region.
Banganté	Het grootste Bamileké-koninkrijk, de hoofdstad van de Nde-divisie, wat ook de vroegere naam is. Gevonden in de regio West.
Bangou ·	Een Bamileké nederzetting en koninkrijk in de Upper Nkam Division, West Region.
Bangoua ·	Bamileké nederzetting en koninkrijk in Nde Division, West Region.
Bangoulap	Bamileké nederzetting en koninkrijk in Nde Division, West Region.

Bantoe	Een grote groep negroïde volkeren van Centraal-, Zuid- en Oost-Afrika die de bossen van het zuidwesten, de kust, het midden, het zuiden en het oostenvan Kameroen bewoont. Ook het grootste bestanddeel van het negroïde of zwarte ras.
Bassa	De belangrijkste etnische groep in de kuststreek. Het is Bantoe aan het woord. Ook te vinden in de regio Midden van Kameroen.
Batoufam	Bamileké koninkrijk in de Mifi Divisie, West Regio.
Bawok (Bahouok, Bahouoc)	Bamileké koninkrijken spreken het Medumba dialect, gevonden in de West en Noordwest regios. De belangrijkste zijn:

- Bawok-Banganté of Banganté-Bawok is een traditioneel Bamileké-koninkrijk dat voorkomt in de Bangantéonderverdeling, Nde-divisie. Een groot deel van het koninkrijk ligt in de stad Banganté. Na een reeks inspanningen in het begin van de twintigste eeuw verloor het het grootste deel van zijn grondgebied aan de omliggende Bamileké-koninkrijken, waarbij zijn onderdanen naar andere gebieden in Kameroen migreerden en zelfs nieuwe koninkrijken stichtten.

- Bawok-Bali of Bali-Bawok: Een uitloper van het moederkoninkrijk Bawok-Banganté, gesticht in 1907 met de hulp van het vriendelijke Bali-Nyonga koninkrijk. Het is een enclave in het Bali koninkrijk (*fondom* of traditioneel rijk)

Bayangam	Bamileké nederzetting en koninkrijk in de Mifi Divisie, West Regio.
Bazou ·	Bamileké koninkrijk in Nde Division, West Region.
Beti	Verkleinwoord van Beti-Pahuin. Het is ook een onderverdeling van de Beti-Pahuin-groep van talen en is verder onderverdeeld in Ewondo, Eton, Bane, Mbida-Mbane en Mvog-Nyenge.
Beti-Pahuin	Verkleind of afgekort tot Beti, vormt deze groep verwante volkeren de derde belangrijkste etnische groep in Kameroen. Het etnische thuisland van het Beti-Pahuin-volk ligt in de regio Midden en Zuid, met randen en enclaves in de regio Oost. Ze zijn Bantoe-sprekend en omvatten het volgende: • Beti (Ewondo, Bane, Mbida-Mbane, Mvog-Nyenge en Eton), • Fang (Fang proper,

Ntumu, Mvae en Okak)

- Bulu (Bulu, Fong, Mvele, Zaman, Yebekanga, Yengono, Yembama, Yelinda, Yesum en Yekebolo.)
- Kleinere stammen of etnische groepen pahuin maakten door de Beti-Pahuins zoals de Baka, Bamvele, Manguissa, Yekaba, Evuzok, Batchanga (Tsinga), Omvang, Yetude volkeren.

Beti-Pahuin mensen zijn ook inheems in Equatoriaal-Guinea, Gabon en de Republiek Congo.

Betiland   De Beti-Pahuin sprekende regio's van Kameroen (strekt zich uit van de zuidelijke helft van de regio Midden tot de centrale en oostelijke delen van de zuidelijke regio en strekt zich uit als randgebieden in de oostelijke provincie), Equatoriaal-Guinea (Rio Muni), Gabon (de noordelijke helft), de Republiek Congo (het

	noordwesten) en São Tomé en Príncipe.
Biafra	De kortstondige door Ibo gedomineerde staat die zich afscheidde van Nigeria tijdens de Nigeriaanse burgeroorlog van 1966-1970.
Bota	Een voorstad van Limbe, Fako Division, Zuidwestelijke Regio.
Brits Kameroen	Het westelijke derde deel van de voormalige Duitse Kamerun dat na de deling van de Duitse kolonie onder Britse controle viel. Het bestond uit Brits Noord-Kameroen en Brits Zuidelijk Kameroen.
Boumnyebel	Een Bassa dorp in Nyong en Kelle Division, Centrum Regio.
Brits Noord-Kameroen	De noordelijke helft van Brits Kameroen stemde in 1961 voor een vereniging met Nigeria, na de omstreden volksraadpleging van de Verenigde Naties in het gebied.

Brits Zuidelijk Kameroen	De zuidelijke helft van Brits-Kameroen. Werd in 1961 onderdeel van de Kameroense Federatie na een volksraadpleging die resulteerde in de hereniging met het voormalige Franse Kameroen. Het omvat de noordwestelijke en zuidwestelijkeregio's van Kameroen.
Buea	De hoofdstad van de zuidwestelijke regio en voormalige hoofdstad van het Duitse Kamerun.
Bulu ·	Een van de volkeren van de beti-Fang etnische groep met een thuisland in de regio Zuid.
Kameroense Pidgin	Ook wel Kameroens Creools of Kamtok genoemd, het is het Pidgin Engels dat in Cameron wordt gesproken. Het heeft vijf varianten.
CDU (Kameroense Democratische	Een politieke partij in Kameroen opgericht door Adamou Ndam

Unie). Genaamd *UDC (Union Démocratique du Cameroun) in het* Frans	Njoya, een voormalige minister van het Ahmadou Ahidjo regime.
CENER	(*Center National des Etudes et de Recherché*) - Acroniem van de geheime inlichtingendienst van Kameroen dienst (Nationaal Centrum voor Studies en Onderzoek) — dat in 1984 werd gewijzigd in *Direction Générale de la Recherché Extérieures* (DGRE) — Directoraat-generaal voor extern onderzoek.
Regio Centrum	Decentrale regio of provincie van Kameroen. Bestaat uit acht divisies.
CNU (Cameroon National Union) geroepen in het frans UNC *(Union Nationale Camerounaise)*	Partij gevormd in 1966 uit de fusie van de politieke partijen die actief zijn in Kameroen. De eerste Kameroense president Ahmadou Ahidjo leidde het.

CPDM (Kameroense Democratische Volksbeweging), genaamd RDPC (*Rassemblement Démocratique du Peuple Camerounais*) in het Frans

De CNU hernoemd in 1985. Dit is het feest in Kameroen. De vroegere naam (1966-1985) was de Cameroon National Union (UNC), die zelf in 1966 werd gevormd door de fusie van politieke partijen in Kameroen. Daarvoor heette het de UC (*Union Camerounaise*) — Cameroonian Union (CU), de voormalige politieke partij opgericht door Ahmadou Ahidjo, de voormalige president van de RepubliekKameroen. De CPDM/CNU/CU/UC is de regerende partij sinds de zogenaamde 'onafhankelijkheid van Kameroen in 1960'. Paul Biya is de voorzitter van de partij.

CU (Kameroense Unie) opgeroepen in French *UC (Union Camerounaise)*

Partij gevormd door Ahmadou Ahidjo.

Douala

Destad, economische hoofdstad en hoofdstad van de regio Wouri Division en Littoral.

Duala

Een Bantoe-sprekend volk van de

	Sawabantu-subgroep, ze zijn de belangrijkste etnische groep van de Wouri-divisie en het Douala-gebied.
Oost-Kameroen	De Franstalige federale eenheid van Kameroen van 1961-72. Het werd gevormd uit het voormalige Franse Kameroen.
Regio Oost	De zuidoostelijke helft van Kameroen. De regio Oost heeft vier divisies met Bertoua als hoofdstad.
Eton	Een van de volkeren van de beti-Fang etnische groep. Gevonden in de regio Centrum.
Ewondo ·	Een van de volkeren van de Beti-Fang groep. Gevonden in de regio Centrum van Kameroen.
Uiterste Noorden	Een provincie in het uiterste noorden van Kameroen. Het bestaat uit zes divisies.
Vrije Franse	Dit waren Franse en Franstalige

strijdkrachten

strijders die bleven vechten tegen de asmogendheden Duitsland, Italië en Japan, zelfs nadat Frankrijk zich had overgegeven en in juni 1940 een wapenstilstandsovereenkomst met nazi-Duitsland had ondertekend. Het werd gevormd door generaal Charles De Gaulle, die lid was van het Franse kabinet tijdens een officieel bezoek aan Groot-Brittannië op het moment van de overgave. Generaal Charles De Gaulle verzette zich sterk tegen de Franse capitulatie en de wapenstilstand die werd ondertekend door het nieuwe regime onder leiding van maarschalk Petain dat het Vichy-regime in het zuiden van Frankrijk creëerde, waardoor het noorden van het land onder Duitse bezetting kon staan. Hij drong aan op verzet tegen de Duitse controle over Frankrijk en zijn collaborerende Vichy-marionetten. De beweging trok voornamelijk rekruten uit het Franse rijk, vooral uit Frans

Centraal-Afrika, waarvan Frans Kameroen destijds de basis was, onder het nieuwe gouverneurschap van Jacques Philippe LeClerc. Philippe LeClerc leidde de eerste grote overwinning van de Vrije Franse Strijdkrachten in de oorlog met de inname in 1941 van Kufra, een stad in de toenmalige Italiaanse kolonie Libië. Het nam vanaf 1943 troepen van het voormalige Vichy-regime op in de koloniën en zag zijn gelederen na de landing op D-Day opgezwollen door Fransen. De Vrije Franse Strijdkrachten bereikten hun grootste glorie met de bevrijding van Parijs in augustus 1944, geleid door de Franse 2e Pantserdivisie omdat deze het minste aantal zwarten in zijn gelederen had. Tegen het einde van de oorlog vormde de Vrije Franse Beweging de op drie na grootste militaire macht in Europa, die vocht tegen de asmogendheden. De rechtse politieke partijen in Frankrijk zijn gedomineerd door haar leden en de ideologie van haar oprichter genaamd Gaullisme.

FSD (Front Social-Démocrate). De SDF (Social Democratic Front) in het Engels
De politieke partij die in Kameroen wordt omschreven als oppositieleider. De SDF wordt sinds de oprichting op 26 mei 1990 geleid door John Fru Ndi.

Fulfulde (Fula, Pulaar, Pular, Peul)
Een Sene-Gambiaanse taal gesproken door het Fulani volk.

Fulani (Fulani, Fula, Fellata of Peul)
Een gemengd negroïde-Toeareg-volk dat de savanne van Soedan tot Sene-Gambia bewoont, ze bestaan uit drie groepen, namelijk:

De Mbororo, Bororo, Burure of Abore die herders zijn.

De Fulanin Gida, Ndoowi'en of Magida, die volledig sedentaire gemeenschappen zijn.

De semi-sedentaire Peul-mensen dieagrarisch zijn en uiteindelijk het pastoralisme hervatten, maar vaak permanente gemeenschappen vormen.

Foulanis, Fulanis of Peuls zijn de tweede meest bevolkte etnische groep in Kameroen. Meestal te vinden in de noordelijke provincies Adamawa, Noord en Noord. Hun taal is de lingua franca van dit deel van Kameroen.

Foumban   De hoofdstad van de Zelfstandig naamwoorddivisie en de Bamounland. Gevonden in de regio West.

Foumbot   Agrarische nederzetting in de Noun Division.

Frans Kameroen   De Oostelijke tweederde s van de voormalige Duitse Kamerun die onder de controle van de Fransen viel na de verdeling van de Duitse kolonie door Groot-Brittannië en Frankrijk. Het werd een Frans verplicht gebied en later een trustgebied van 1918 tot 1960.

Garoua   De hoofdstad van de regio Noord en benue divisie.

Graffi   Pidgin Duits woord voor een grasveld. Een naam die vaak collectief werd toegepast op de semi-Bantoevolkeren van de noordwestelijke en westelijkeregio's van Kameroen.

Graffiland   Kameroens woord voor Western High Plateau, Western Highlands of Bamenda Grassfields. Bergachtig grasland van de noordwestelijke en westelijkeregio's van Kameroen. Het omvat het Bamilekéland en Bamounland in het zuiden, en het Ngembaland, Chambaland en Tikarland in het noorden.

Ibo   Een van de vier belangrijkste etnische groepen van Nigeria. Gevonden in het zuidoosten.

Idenau   Een stad in Fako Division, Zuidwest Regio.

Kamveu ·   De lokale raad van notabelen

onder de verschillende Bamileké koninkrijken.

Koufra (Kufra)	Een belangrijke maar geïsoleerde Oase nederzetting in de zuidoostelijke Libische woestijn die van strategisch belang was voor de Noord-Afrikaanse campagne tijdens de Tweede Wereldoorlog. De verovering op de Italianen door de Vrije Franse Strijdkrachten markeerde de eerste grote slag die Frankrijk in de oorlog won, waardoor het prestige van generaal Charles De Gaulle en het moreel van de gedemoraliseerde anti-Vichy-krachten werd versterkt.
Koutaba ·	Een nederzetting in de Bamounland, Noun Division, West Region. Ook een grote militaire en luchtmachtbasis in Kameroen,
Kumba ·	De grootste stad in de zuidwestelijke regio en de hoofdstad van Meme Division. Het ligt ongeveer zeventig mijl ten

noorden van Limbe.

KNDP (Kameroense Nationale Democratische Partij)

Nationalistische partij in Brits Kameroen. Het leidde de campagne die de hereniging van Brits Zuidelijk Kameroen met het voormalige Franse Kameroen realiseerde.

Limbe

Heeft gewerkt als Victoria. Het is de hoofdstad van de Fako Divisie in de Zuidwestelijke Regio.

Kuststreek

De coastal provincie van Kameroen. Het bestaat uit vier divisies.

Loum

Een landbouwstad in de Mungo-divisie, in het noorden van de kuststreek.

Maguida (Magida)

Naam ten onrechte gebruikt voor de volkeren van het islamitische noorden die afkomstig waren van de derde groep Fulani's - de Fulanin Gida, bestaande uit de volledig sedentaire Fulani-gemeenschappen.

Mamfe

De hoofdstad van Manyu Division in de zuidwestelijke regio.

Manjibo

Een Bamoun dorp in de Noun Division.

Mankon ·

Mankon is een Ngemba koninkrijk en maakt deel uit van de stad Bamenda.

Maroua

De hoofdstad van de regio Extreme North en Diamare Division.

Mayo Tsanaga

Een divisie in de regio Extreme North van Kameroen.

Mayo Tsava

Een divisie in de regio Extreme North van Kameroen.

Mbengwi ·

De hoofdstad van Momo Division in de noordwestelijke regio.

Mboh ·

Een Bantoe-sprekend volk van de Mungo-divisie in de kuststreek, met randen van hun thuisland in de zuidwestelijke en westelijke provincies.

Mokolo ·	Hoofdstad van de divisie Mayo Tsanaga.
Molyko	Een voorstad van Buea in de zuidwestelijke regio.
Mora	De hoofdstad van Mayo Tsava Division.
Mutengen	Een knooppunt stad naar Limbe, Buea en Tiko, in Fako Division, Zuidwest Regio.
Bde	Voorheen Banganté Division. De soort komt voor in de regio West van Kameroen.
Ngaoundéré	Hoofdstad van de Vina Divisie en Adamawa Regio.
Ngemba ·	De tweede meest bevolkte volkeren van de semi-Bantoe-groep. De Ngemba-volkeren zijn te vinden in de noordelijke helft van het Kameroense grasland (Westelijke Hooglanden), meestal in de Mezam- en Momo-divisies van de noordwestelijke regio. Het

Ngemba-volk verwante dialecten.

Ngembaland — Het zuidwestenis een deel van de noordwestelijke regio dat bestaat uit verschillende traditionele koninkrijken of fondoms die nauw verwante dialecten spreken.

Nkongsamba — De hoofdstad van de Mungo Divisie van Kameroen. Het is ook de grootste stad in de omgeving.

Nkwen · — Een traditioneel Ngemba koninkrijk en een deel van de stad Bamenda.

Regio Noord — Centraal van de Regio Grand Norths. Het bestaat uit vier divisies.

Noordwest — Een provincie uit de voormalige federale eenheid van West-Kameroen en het voormalige grondgebied van Brits Zuidelijk Kameroen. Bevolkt door semi-Bantoe groepen van Tikar, Ngemba en Chamba sprekers. Hun landgenoten in de

Zuidwestelijke Regio noemen hen gezamenlijk 'Graffis'.

NUDP (Nationale Unievoor Democratie en Vooruitgang). Genaamd UNDP *(Union Nationale pour la Démocratie et le Progrès)* in het Frans

Een politieke partij in Kameroen die werd opgericht door Samuel Eboua, een voormalig minister van het regime Ahmadou Ahidjo. Bello Bouba Maigari, een voormalige premiervan het Biya-regime, eigende zich de leiding van de partij toe en is sinds 19 92 de voorzitter.

Nzui-Mantor

Banganté-Bamileké woord voor de panter of luipaard.

OK (Een Kameroen)

Een uitloper van het UPC nadat het ook in Brits Kameroen verboden was.

Peul ·

Een Franse term voor Fulani geleend van de Wolof taal.

RDPC (Rassemblement Démocratique du Peuple Camerounais), in het Engels CPDM

De partij die aan de macht is in Kameroen. CNU hernoemd in 1985.

(CameroonPeople's Democratic Movement) genoemd	
SDF (Social Democratic Front) of *FSD (Front Social-Démocrate)* in het Frans	De politieke partij die in Kameroen wordt omschreven als oppositieleider. De SDF wordt sinds de oprichting op 26 mei 1990 geleid door John Fru Ndi.
Semi-Bantoe	De unieke en niet-verwante volkeren in Afrika, bestaande uit de Bamileké, Bamoun, Tikar, Ngemba en Chamba volkeren.
Sokolo ·	Een voorstad in Limbe, Zuidwestelijke Regio.
Regio Zuid	De zuidelijke kustprovincie van Kameroen. Het bestaat uit de drie divisies Ntem, Ocean en Dja en Lobo.
Zuidwestelijke regio	Zuidwestelijke kustprovincie van Kameroen. Het heeft vier divisies. Voorheen een deel van Brits Zuidelijk Kameroen en de federale eenheid van West-

	Kameroen.
Tcholliré	De hoofdstad van rey bouba divisie in de regio Noord.
Tiko	Een kustplaats in fako divisie in de zuidwestelijke regio.
Tonga	Bamileké nederzetting en koninkrijk in de Nde Divisie, West Regio.
Tuareg	Een Berbers sprekend volk van de Mazigh-groep dat de centrale Sahara bewoont van Zuid-Algerije en Tripolitanië in Libië, tot het midden van Niger en de noordelijke grenzen van Nigeria. Ze verhuisden naar het binnenland van de Sahara om te ontsnappen aan de Arabische invasie van Noord-Afrika in de jaren 7 en 8.
UDC (Union Démocratique du Cameroun --- Kameroen Democratische Unie) of CDU (Cameroon	Een politieke partij in Kameroen opgericht door Adamou Ndam Njoya, voormalig minister van het Ahmadou Ahidjo regime.

Democratic Union) in het Engels

UNC (Union Nationale du Cameroun --- Kameroen Nationale Unie*).* Genaamd CNU (*Cameroon National Union*) in het Engels

In 1966 ontstond een politieke party uit de fusie van politieke partijen in Kameroen. Het werd geleid door de eerste Kameroense president Ahmadou Ahidjo.

UNDP (Union Nationale pour la Démocratie et le Progrès --- Nationale Unie voor Democratie en Vooruitgang*)* of National Union for Democracy and Progress (NUDP) in het Engels

Een politieke partij in Kameroen opgericht door Samuel Eboua, voormalig minister van het regime Ahmadou Ahidjo. Bello Bouba Maigari, een voormalige premier van het Biya-regime, eigende zich de leiding van de partij toe en is sinds 19 92 de voorzitter.

UPC (*Union des Populations du Cameroun* --- Unie van de Bevolking van de Kameroenen)

Eerste nationale en nationalistische partij in Kameroen. Het historische UPC werd opgericht in 1948. Verboden in 1955, nam het zijn toevlucht tot een gewapende strijd die tot ver in de late jaren

1960 voortduurde.

Victoria

De former naam van Limbe. Werd in 1857 opgericht door Britse missionarissen voor de vestiging van geredde of bevrijde slaven.

Regio West

De zuidelijke helft van de Westelijke Hooglanden van Kameroen. Het wordt bevolkt door de Bamileké en Bamoun volkeren. Het is ook het culturele en agrarische hart van Kameroen en wordt herinnerd om zijn historische rol als het centrum van het nationalisme en de bevrijdingsstrijd van het land tegen het Franse leger in het land. Het bestaat uit de zes divisies Bamboutous, Menoua, Mifi, Nde, Noun en Upper Nkam.

Wolowose

Kameroens woord voor een hoer.

Wum

De hoofdstad van menchum divisie in de noordwestelijke regio.

Yaoundé

De op een na grootste stad en

nationale hoofdstad van Kameroen. Ook de hoofdstad van de regio Centrum en de Nfoundi-divisie.

Kaarten

Global terror hot spots

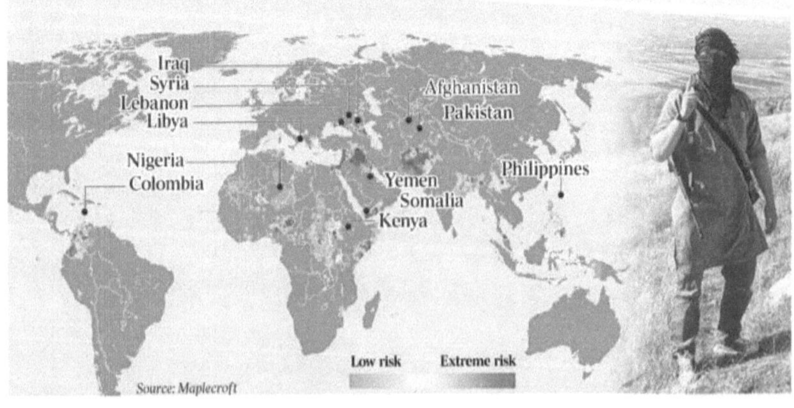

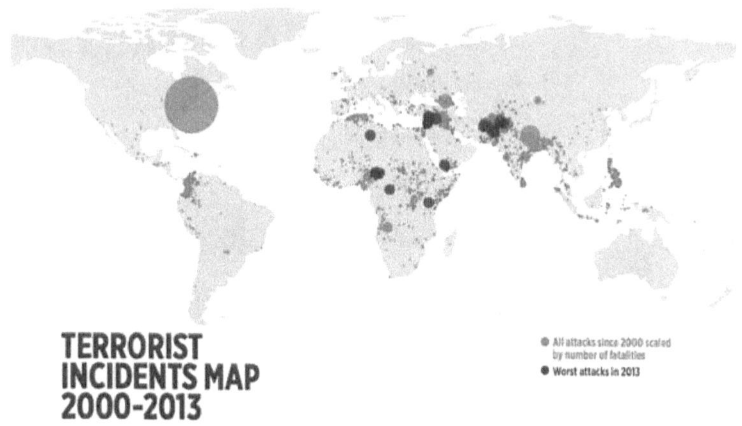

Afrikaanse Democratie Ratings

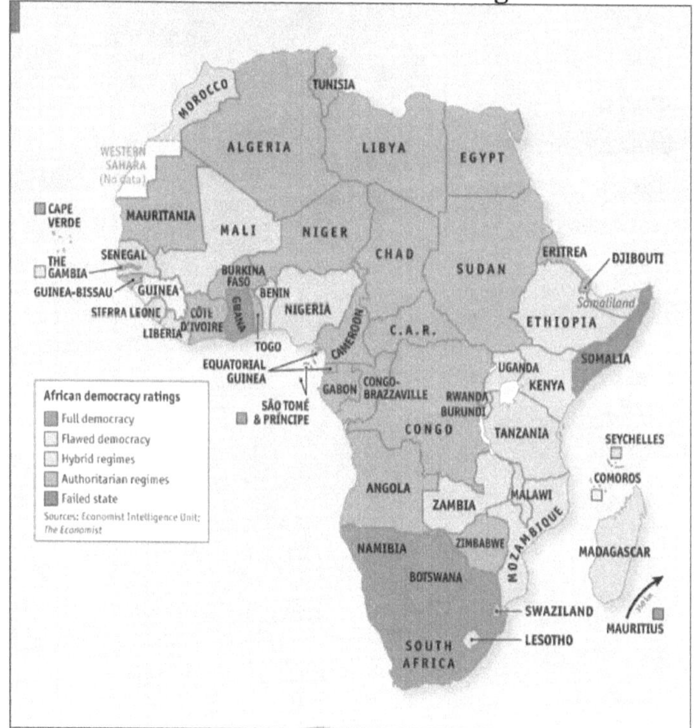

Partitiekaart van Afrika: 1884-1914

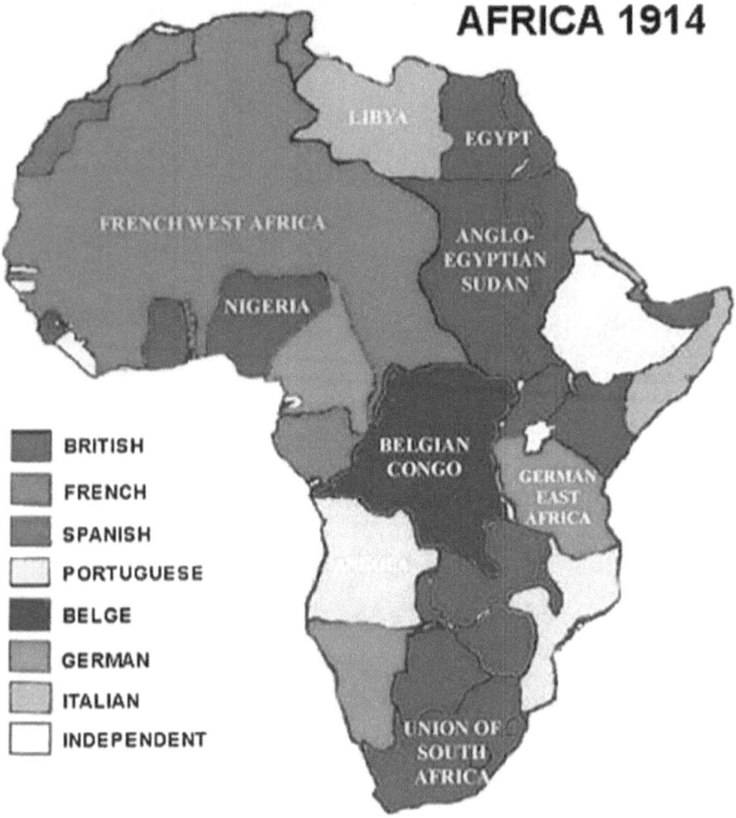

Kameroen op een kaart van de wereld

Kameroen na verloop van tijd

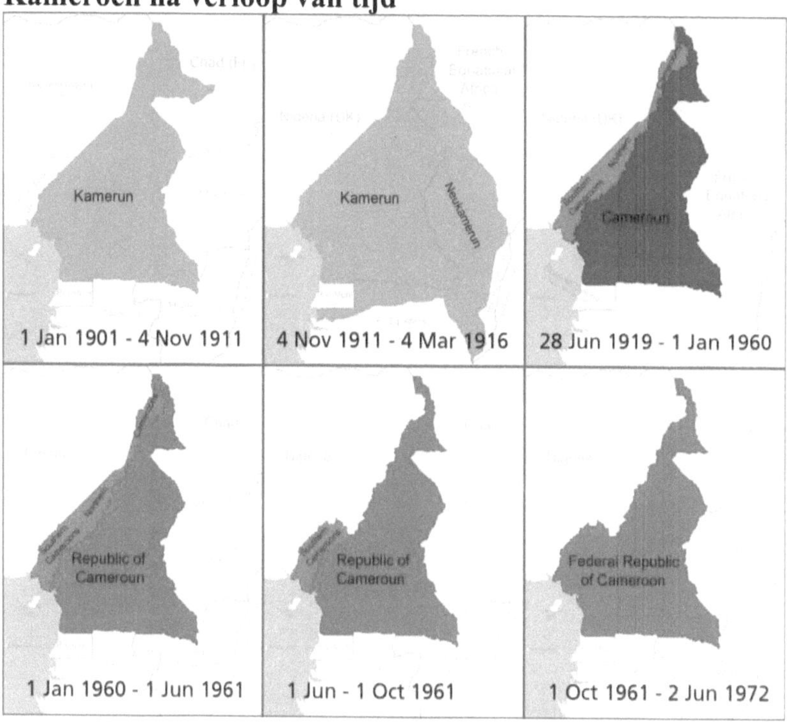

1. **Duitse Kamerun I (1884-1911)**
2. **Duitse Kamerun II (1911-1916)**
3. **Brits Kameroen & Frans Kameroen: 1916-1960**
4. **Brits Kameroen & De Republiek Kameroen** *(La République du Cameroun)* **: 1960-1961**
5. **Brits Zuidelijk Kameroen & De Republiek Kameroen** *(La République du Cameroun)*:**(1960-1961)**
6. **Herenigd/Onafhankelijk Kameroen vandaag.**